Cecilia Hanselmann

Alles aus
1 Meter Stoff

10 Nähprojekte

OZ creativ

Inhalt

Liebe Leserin, lieber Leser,

Stoffe einkaufen macht Spaß! Aber was macht man aus Fundstücken, von denen man nur 1 Meter ergattern konnte oder von einem anderen Projekt übrig behält? 1 Meter sind zu wenig für ein ausgefeiltes Modell und zu viel für ein Mini-Projekt. Und es ist zu schade, es lediglich in einer Kiste dauerhaft zu lagern und zwischendurch anschauen.
Hier zeige ich Ihnen tolle, einfache Projekte, die aus nur 1 Meter Stoff realisierbar sind. Dank der vielen Schritt-für-Schritt-Fotos gelingen die Modelle auf Anhieb auch bei weniger Näherfahrung und machen Lust aufs Nähen.

Viel Spaß beim Nähen und Ausprobieren der Modelle

Cecilia Hanselmann

Material & Werkzeug

Bügeleisen

Ein (Dampf-)Bügeleisen sollte am Arbeitsplatz bereit stehen. Nach dem Wenden (Verstürzen) die Nahtzugaben und Nähte von Baumwollstoffen stets bügeln, jedoch nicht beschichtete Baumwollstoffe, Wachstuch, Kunstleder oder Filz.

Garne

Bei der Auswahl der Garne stets auf gute Qualität achten, um zu vermeiden, dass der Faden reißt, verheddert oder sich Knoten bilden. Am besten eignen sich so genannte „Allesnäher", das sind Garne aus 100 % Polyester, mit denen man auch Baumwollstoffe näht. Baumwollgarne sind weniger elastisch und reißen eher als Polyestergarne. Nähen Sie stets mit zum Stoff farblich passendem Nähgarn, vor allem bei Absteppnähten, die sichbar sind. Heft- oder Reihgarn sind locker verzwirnte Baumwollgarne, die man nur zum Heften von Hand verwendet. Sie sind nicht für das Nähen mit der Maschine geeignet und werden nach dem Heften wieder entfernt.

Markierstifte

Zum Übertragen von Motiven auf den Stoff oder um Konturen, Näh- oder Stepplinien vorzuzeichnen, einen Trickmarker verwenden. Die Linien verschwinden nach einiger Zeit von selbst oder sind dampf-/wasserlöslich. Bei selbstlöschenden Stiften stets nur so viele Konturen aufzeichnen, wie auch im Anschluss genäht werden. Achtung: Diese Linien nicht bügeln, da sie ansonsten nicht mehr zu entfernen sind. Wird die Kontur mit einem Kreiderädchen markiert, sind diese Linien nach dem Nähen/Steppen bereits fast vollständig verschwunden. Mit Kreide nicht zu viele Linien vorzeichnen, da sie nicht dauerhaft haftet und die Linien dadurch nicht mehr gut sichtbar sind.

Material

Die folgenden Grundmaterialien werden als vorhanden vorausgesetzt und sind in den Anleitungen nicht gesondert aufgeführt:
Bügeleisen • Nahttrenner • Schneiderkreide • Maßband • Patchworklineal • Schnittmusterpapier • Nähgarn • Rollschneider • Stecknadeln • Nähmaschine • Schere • Stift, ggf. Markierstift • Nähnadeln • Schneidematte • Stoffschere

Nähmaschinennadeln

Die zu verwendende Art und Stärke hängt von der Stoff- und Garnstärke ab. Generell gilt: Je höher die Nadelnummer, desto dicker die Nadel. Für feine Baumwollqualitäten eignen sich am besten Universal- oder Quiltnadeln.

Nahttrenner

Müssen Nähte aufgetrennt werden, keine Schere, sondern einen Nahttrenner (auch Pfeiltrenner genannt) verwenden. Die Spitze besteht aus einer kleinen Gabel mit einer innenliegenden Klinge. Mit dieser die Naht alle 2–3 Stiche zerschneiden. So kann der Stoff beim Auftrennen nicht verletzt werden. Den Stoff auseinanderziehen und die Fäden entfernen.

Stecknadeln, Nähnadeln

Zum Fixieren der Stofflagen sind Stecknadeln unverzichtbar. Zum Heften und für Handstiche (z. B. um eine Wendeöffnung zu verschließen) dünne, spitze Nähnadeln verwenden.

Stoffschere, Rollschneider

Zum Zuschneiden von Stoffen eignet sich eine Stoffschere, die ausschließlich für Stoff verwendet wird. Wenn diese zum Schneiden von Papier verwendet wird, wird sie stumpf. Für den Zuschnitt von exakten Streifen oder Rechtecken am besten ein Patchworklineal und Rollschneider mit einer dazugehörigen Schneidematte verwenden.

Wenden/Verstürzen

Ecken und Rundungen nach dem Wenden (Verstürzen) mit einer spitzen Schere, sondern mit einem stumpfen Gegenstand, z. B. einem runden, dünnen Hölzchen ausformen, damit die Naht nicht verletzt wird.

Grundbegriffe des Nähens

Fadenlauf

Jedes Gewebe besteht aus Kettfäden (längs) und Schussfäden (quer). Der Fadenlauf entspricht der Richtung der Kettfäden und verläuft parallel zur Gewebekante. Der Zuschnitt sollte immer am Fadenlauf ausgerichtet sein, damit sich das genähte Teil nicht verzieht.

Fadenspannung

Die Fadenspannung der Nähmaschine muss je nach Stoffart reguliert werden. Andernfalls können Schlaufen in Unter- oder Oberfaden entstehen. Deshalb am besten immer erst ein Probestück nähen.

Geradstich

Der Geradstich ist der grundlegende Nutzstich beim Nähmaschinennähen. Das Nähen mit dem Geradstich heißt auch „Steppen". Die Stichlänge ist variabel einstellbar. Je länger der Stich, desto lockerer fällt die Naht aus.

Heften und Stecken

Stoffteile vor dem Nähen mit Nadeln fixieren oder von Hand heften. Dies verhindert, dass die Stoffteile beim Nähen verrutschen oder ungewollte Falten werfen. Stecknadeln immer quer zur Nährichtung stecken, dann kann man sie während des Nähens leichter herausziehen.

Nahtzugabe

Beim Zusammennähen (= Nählinie) wird ein Abstand zur Schnittkante eingehalten. Dieser Abstand ist die Nahtzugabe. Die Breite der Nahtzugabe wird bei den Anleitungen unter „Zuschneiden" entsprechend aufgeführt.

Rechte und linke Stoffseite

Jeder Stoff hat eine rechte und eine linke Stoffseite. Die rechte Seite entspricht der Schauseite, also der Außenseite des Stoffes. Bei Druckstoffen ist diese recht einfach zu erkennen, da hier das Muster deutlicher ist. Wenn es also heißt „die Stoffteile rechts auf rechts legen", zeigen die rechten Schauseiten nach innen und die linken Seiten nach außen. Heißt es hingegen „links auf links", zeigen die rechten Seiten nach außen und die linken Seiten nach innen.

Schnittmuster

Um ein Schnittmuster aus den Vorlagen anzufertigen, Seidenpapier, Schnittmusterfolie oder leicht durchscheinendes Paper auf den Vorlagenbogen legen und die Umrisslinien der Vorlage mit einem geeigneten Stift nachzeichnen. Ebenso alle Markierungen abpausen und Modellname/Vorlagen-Nummer auf dem Schnitt vermerken. Das Schnittmuster entlang der Außenlinie exakt ausschneiden und auf dem Stoff fixieren. Da die Vorlagen keine Nahtzugabe enthalten, diese beim Zuschnitt des Stoffes ringsum zugeben.

Stoffbruch

Bei einer gefalteten Stofflage entsteht eine Faltkante, die als Stoffbruch oder Bruchkante bezeichnet wird. An einem Schnittteil bezeichnet der Stoffbruch in der Regel die Mitte eines Schnittteils. Der Stoffbruch ist bei den Vorlagen dieses Buches als Punkt-Strich-Linie dargestellt. Diese Kante des Schnittteils wird dann beim Zuschneiden ohne Nahtzugabe genau auf die gefaltete Stoffkante gelegt.

Zickzackstich

Der Zickzackstich wird zum Versäubern der Schnittkanten verwendet. Stichbreite und Stichlänge lassen sich verändern.

Auf zum Strand

Maritime Tasche | Größe: ca. 47 x 30 cm (ohne Träger)

Material

- A: Bedruckter fester Baumwollstoff (Panama), mind. 110 cm breit, 100 cm
- B: Mittelfeste Bügeleinlage, 90 x 60 cm
- C: Baumwollkordel, ø 1 cm, 200 cm
- 4 Ösen, ø 11 mm

Zuschneiden

Maße inkl. 1,5 cm Nahtzugabe.

A: 4-mal 40 x 50 cm

B: 2-mal 40 x 50 cm

C: 2 Stücke à 100 cm

So wird's gemacht

1 Für die Außenseite 2 Stoffzuschnitte mit Bügeleinlage hinterbügeln, rechts auf rechts bündig aufeinanderlegen und an den beiden kurzen Kanten und einer langen Seite (= Unterkante) zusammennähen. Die Nahtzugaben (soweit möglich) auseinanderbügeln.

2 Für die Bodenecken die Seitennähte jeweils auf die Naht der Unterkante legen und beidseitig je 1 Dreieck mit 12 cm Breite abnähen.

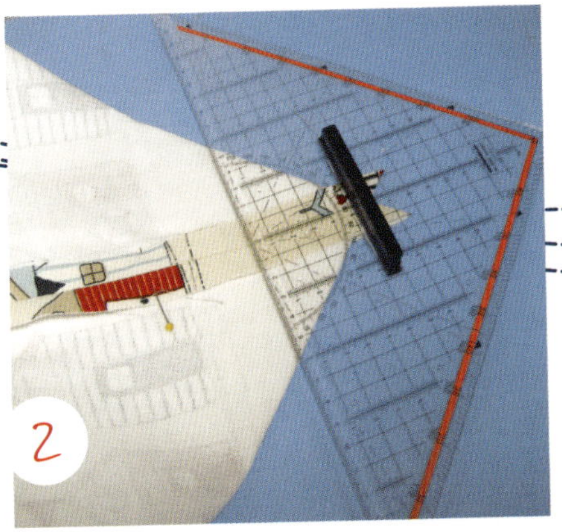

3 Die Dreiecke bis auf Nahtzugabenbreite vor die Naht zurückschneiden.

4 Das Futter aus den beiden unbebügelten Stoffzuschnitten genauso arbeiten, jedoch an einer Seitennaht eine 12 cm große Wendeöffnung frei lassen.

5 Außentasche und Futter rechts auf rechts ineinanderstecken, dabei die Seitennähte aneinander ausrichten. Die Oberkanten ringsum zusammennähen.

6 Die Tasche durch die Wendeöffnung im Futter wenden, bügeln. Die Wendeöffnung von Hand schließen.

Fertigstellen: Die Seitennähte aufeinanderlegen, um die vordere und hintere Mitte zu ermitteln, und die Mitte jeweils mit Stecknadeln markieren. Die Ösen 2,5 cm unterhalb der Oberkante und je 14 cm von der Seitennaht entfernt laut Herstellerangaben anbringen. Die Enden jedes Kordelstücks jeweils durch eine Öse einer Seite fädeln und verknoten.

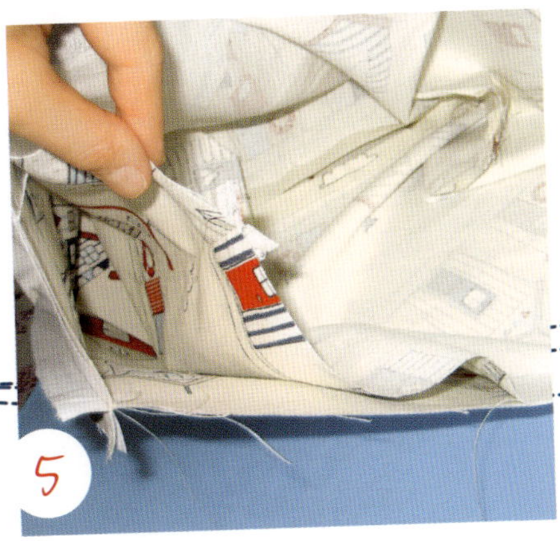

5

6

Längs und quer

Platzsets | Größe: je 30 x 40 cm

Material

Für 2 Platzsets

- A: Bedruckter, gestreifter Baumwollstoff, ca. 145 cm breit, 100 cm
- B: Leichtes, aufbügelbares Volumenvlies, 90 x 50 cm

Zuschneiden

Maße inkl. 0,75 cm Nahtzugabe.

A: 2-mal 29,5 x 31,5 cm Vorderteil a (Streifen laufen parallel zur 29,5 cm langen Kante)
2-mal 13,5 x 31,5 cm Vorderteil b (Streifen laufen parallel zur 13,5 cm langen Kante)
2-mal 41,5 x 31,5 cm (Rückteil)

B: 2-mal 41,5 x 31,5 cm (Vorderteil)

So wird's gemacht

1 Für die Vorderseite das Vorderteil a und das Vorderteil b rechts auf rechts aufeinanderlegen, dabei an einer 31,5 cm langen Kanten bündig übereinander ausrichten und füßchenbreit (= 0,75 cm breit) zusammennnähen.

2 Die Nahtzugaben auseinanderbügeln.

1

2

3 Das zusammengesetzte Vorderteil mit einem Volumenvlieszuschnitt hinterbügeln, zum Schutz ein Bügeltuch auflegen.

4+5 Das hinterbügelte Vorderteil und 1 Rückteil rechts auf rechts bündig aufeinanderlegen und ringsum füßchenbreit bis auf eine ca. 12 cm lange Wendeöffnung zusammennähen.

6 Die Nahtzugaben an den Ecken schräg zurückschneiden.

Tipp

Beim Aufbügeln von Einlagen sollte das Bügeleisen immer nur punktuell auf den Stoff gedrückt werden, beim Aufbügeln niemals hin und her "wischen", dadurch kann die Einlage verschoben werden oder aus der Form kommen.

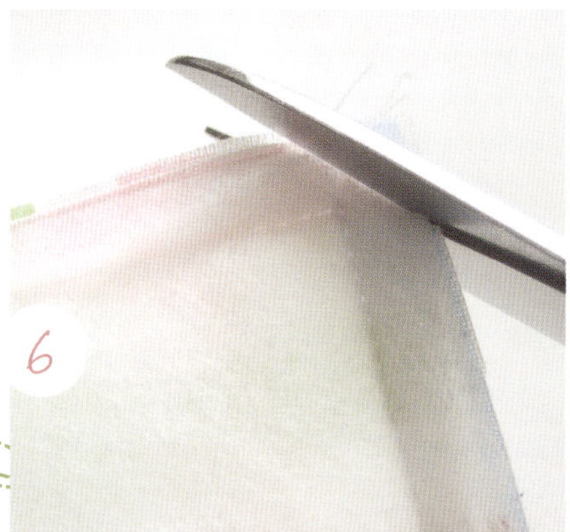

7+8 Das Platzset durch die Wendeöffnung auf rechts wenden, die Ecken sorgfältig herausarbeiten und bügeln. Die Wendeöffnung von Hand schließen. Das zweite Platzset genauso anfertigen.

Tipp

Wer es eilig hat, kann die Wendeöffnung im Futter auch mit der Nähmaschine schließen, dazu die Öffnung sehr knappkantig absteppen.

Tischläufer | Größe: je 30 x 120 cm

Material

- A: Bedruckter, gestreifter Baumwollstoff, ca. 145 cm breit, 100 cm
- B: Leichtes, aufbügelbares Volumenvlies, 90 x 130 cm

Zuschneiden

Maße inkl. 0,75 cm Nahtzugabe.

A: 4-mal 31,5 x 31,5 cm (Vorderteile)
1-mal 31,5 x 121,5 cm (Rückteil)

B: 1-mal 31,5 x 121,5 cm (Vorderteil)

Hinweis: Die Nummerierung der Anleitungsschritte bezieht sich auf die Step-Fotos der Platzsets (Seite 12–14).

So wird's gemacht

1 Für die Vorderseite je 2 Vorderteilzuschnitte rechts auf rechts aufeinanderlegen, dabei verlaufen bei einem Zuschnitt die Streifen quer, beim anderen längs, an einer Kante füßchenbreit zusammennähen. Anschließend beide Teile zu einem langen Rechteck zusammennähen. Die Streifen verlaufen dabei abwechselnd längs und quer.

2 Die Nahtzugaben auseinanderbügeln.

3 Das zusammengesetzte Vorderteil mit einem Volumenvlieszuschnitt hinterbügeln.

4+5 Das hinterbügelte Vorderteil und das Rückteil rechts auf rechts bündig aufeinanderlegen und ringsum füßchenbreit zusammennähen, jedoch eine ca. 12 cm lange Wendeöffnung frei lassen.

6 Die Nahtzugaben an den Ecken schräg zurückschneiden.

7+8 Den Tischläufer durch die Wendeöffnung auf rechts wenden, die Ecken sorgfältig herausarbeiten und bügeln. Die Wendeöffnung von Hand schließen.

Kuschelige Geometrie

Tetra-Kissen | Höhe: ca. 40 cm

Material

Für 2 Kissen

- A: Gepunkteter Baumwollflanell, ca. 110 cm breit, 100 cm
- Füllwatte (ca. 500 g)

Zuschneiden

Maße inkl. 1,5 cm Nahtzugabe.

A: 2-mal 43 x 83 cm

So wird's gemacht

1 Einen Zuschnitt der Breite nach rechts auf rechts falten (auf 43 x 41,5 cm) und 2 nebeneinanderliegende Kanten mit 1,5 cm Nahtzugabe zusammennähen.

2 Die Zuschnitte auffalten und die Nahtzugaben (soweit möglich) auseinanderbügeln.

1

2

3 An der offenen Seite den Bruch mit einer Stecknadel markieren (siehe roter Pfeil).

4 Die Naht auf der Markierung platzieren und das Werkstück so zum Dreieck falten. Die offene Kante mit 1,5 cm Nahtzugabe zusammennähen, jedoch an einer Seitennaht eine ca. 12 cm große Wendeöffnung frei lassen.

Fertigstellen: Das Kissen auf rechts wenden und mit Füllwatte ausstopfen, dabei stets kleine Portionen einfüllen und gut in die Ecken einarbeiten. Die Wendeöffnung von Hand schließen. Das zweite Kissen genauso arbeiten.

Tipp

Dieses Tetra-Kissen lässt sich in jeder beliebigen Größe nähen und wirkt sowohl als Sofa-Kissen als auch als großer Sitzsack gut. Hierbei lediglich das Seitenverhältnis von 1:2 des Rechtecks beachten.

Großer Auftritt

Schärpe | Größe: 20 x 248 cm • Vorlage 1 (Bogen B)

Material

- A: Dünner Baumwollstoff (Voile) in Blau-Hellblau gemustert, ca. 140 cm breit, 100 cm
- Bommelborte in Weiß, 260 cm

Vorbereiten

- Gemäß Vorlage 1 ein Schnittmuster anfertigen.

Zuschneiden

In der Vorlage ist keine Nahtzugabe enthalten, beim Zuschnitt 1,5 cm Nahtzugabe zugeben.
A: 4-mal Vorlage 1

So wird's gemacht

1 Je 2 Zuschnitte an der kurzen geraden Kante rechts auf rechts bündig aufeinanderlegen, dabei sollen die Spitzen der schräg zulaufenden Kanten jeweils in unterschiedliche Richtungen zeigen. Die Teile jeweils an der kurzen geraden Kante mit 1,5 cm Nahtzugabe zusammennähen.

2 An einem zusammengesetzten Teil die Bommelborte auf der rechten Seite entlang einer schrägen und der langen geraden Kante im Abstand von 0,5 cm fixieren. Dabei zeigen die Bommel zur Mitte.

3 Die Borte mit Zickzackstich aufnähen, dabei darauf achten, dass das Werkstück glatt liegt und der Stoff nicht eingehalten wird.

4 Beide Teile (mit und ohne Bommelborte) rechts auf rechts bündig aufeinanderlegen und ringsum mit 1,5 cm Nahtzugabe zusammennähen, dabei eine ca. 12 cm große Wendeöffnung frei lassen. Die Nahtzugaben an den Ecken schräg zurückschneiden.

5 Die Schärpe wenden und bügeln, dabei die Ecken sorgfältig herausarbeiten. Die Wendeöffnung von Hand schließen.

Tipp

Um Ecken besonders schön herauszuarbeiten, kann man beim Wenden mit einem schmalen Gegenstand (z. B. einer stumpfen Schere oder einem stumpfen Stift) vorsichtig hineinfahren, dabei jedoch nicht zu stark drücken, um den Stoff nicht zu verletzen. Im Fachhandel gibt es auch spezielle Werkzeuge, die beim Wenden helfen.

Einsortiert

Utensilo | Größe: ca. 37 x 50 cm

Material

- A: Bedruckter Baumwollstoff in Grün mit Motiven, ca. 110 cm breit, 100 cm
- B: Leichtes aufbügelbares Volumenvlies, 50 x 90 cm

Zuschneiden

Maße inkl. 0,75 cm Nahtzugabe.

A: 2-mal 38,5 x 51,5 cm (Vorder- und Rückteil)
31,5 x 38,5 cm (untere Tasche)
21,5 x 38,5 cm (obere Tasche)
3-mal 4 x 18 cm (Schlaufen)

B: 38,5 x 51,5 cm (Vorderteil)

So wird's gemacht

1 Für die Vorderseite 1 Vorderteilzuschnitt mit Volumenvlies hinterbügeln. Den Zuschnitt für die untere Tasche der Länge nach links auf links zur Hälfte falten (auf 15,75 x 38,5 cm) und bügeln. Die offenen langen Kanten bilden die Unterkante der unteren Tasche.

2 Den Zuschnitt für die obere Tasche der Länge nach rechts auf rechts falten (auf 10,75 x 38,5 cm), bügeln und die offenen langen Kanten füßchenbreit zusammennnähen (so entsteht quasi ein „Schlauch"). Den „Schlauch" auf rechts wenden und bügeln. Die zusammengenähten langen Kanten bilden die Unterkante der oberen Tasche.

1

2

3 Für 1 Schlaufe einen entsprechenden Zuschnitt der Länge nach links auf links zur Hälfte falten (auf 2 x 18 cm) und bügeln. Wieder aufklappen, die Längsseiten zum mittigen Falz hin falten und bügeln, dabei darauf achten, dass der mittige Falz nicht herausgebügelt wird.

4 Den Streifen zusammenklappen, sodass nun die Bruchkanten bündig aufeinanderliegen, und bügeln.

5 Die offenen Kanten knappkantig zusammensteppen. Schritt 3 bis 5 für die anderen beiden Schlaufen wiederholen.

6 Die untere Tasche mit der Innenseite auf der rechten Seite des mit Vlies bebügelten Vorderteils platzieren, dabei liegen die offenen Kanten bündig an der Unterkante und an den Seitenkanten des Vorderteils. Die untere Tasche und das Vorderteil an den drei Außenkanten knappkantig (innerhalb der Nahtzugaben) mit Zickzackstich zusammenfassen.

7 Für die beiden Fächer der unteren Tasche mittig eine senkrechte Linie markieren und absteppen. Die Naht an der Oberkante der

Tasche verriegeln. Anschließend die obere Tasche 12 cm oberhalb der unteren Tasche auf dem Vorderteil platzieren, die Seitenkanten bündig an den Seitenkanten des Vorderteils ausrichten mit Zickzackstich zusammenfassen. Die Unterkante knappkantig mit dem Geradstich feststeppen. Für die 3 Fächer auf der oberen Tasche 2 senkrechte Linien markieren (z. B. je 6 cm von der gedachten Mittellinie entfernt oder nach Belieben) und absteppen. Die Nähte an der Oberkante der Tasche verriegeln.

8 Die 3 Streifen (siehe Schritt 3 bis 5) jeweils zur Schlaufe legen und mit den Enden rechts auf rechts 1-mal mittig sowie 2-mal je 4 cm von der Seitenkante entfernt knappkantig (innerhalb der Nahtzugabe) annähen, die Schlaufen liegen dabei auf dem Vorderteil.

Fertigstellen: Das Vorder- und Rückteil bündig rechts auf rechts aufeinanderlegen und ringsum füßchenbreit bis auf eine Wendeöffnung zusammennnähen. Die Nahtzugaben an den Ecken schräg zurückschneiden. Das Utensilo durch die Wendeöffnung auf rechts wenden. Die Ecken sorgfältig herausarbeiten und bügeln. Die Wendeöffnung von Hand schließen.

In Sommerlaune

Kleid | Länge ca. 84 cm

Material

- A: Dünner bedruckter Baumwollstoff (Voile) in Rosa gemustert, ca. 110 cm breit, 100 cm
- B: Gummiband, 2 cm breit, ca. 100 cm
- Satinband in Rosa, 1,5 cm breit, 150 cm
- Schneiderkreide (zum Markieren)

Zuschneiden

Maße inkl. 1,5 cm Nahtzugabe.

A: 90 x 138 cm

B: individuell abmessen: eigener Umfang oberhalb der Brust minus 5 cm

So wird's gemacht

1 Den Zuschnitt der Breite nach zur Hälfte falten (auf 90 x 69 cm) und den Bruch an der Oberkante mit Schneiderkreide markieren. Diese Markierung um 4 cm parallel zur Oberkante versetzen (übertragen) und auch die zur Oberkante parallele Linie markieren (= „Kreuz" einzeichnen). Die parallele Linie bildet die spätere Oberkante des Kleides.

2 Die Mitte des Satinbands ermitteln und auf dem eingezeichneten „Kreuz" ausrichten, dabei das Band nicht im 90°-Winkel zur Oberkante auflegen, sondern schräg darüberlegen. Das Satinband auf der 4 cm parallel zur Oberkante eingezeichneten Linie aufsteppen.

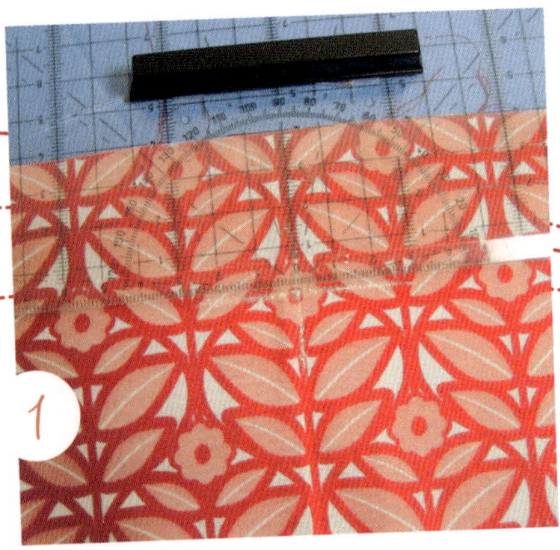

1

2

Tipp

Für dünne, feine Stoffe wie Batist sollte man immer eine passende Nähmaschinen-Nadel verwenden, Stärke 60 oder 70 sind ideal. Wenn eine Nadel nicht sauber durch den Soff sticht oder sogar Fäden zieht, sollte sie sofort entsorgt werden, da sie den Stoff beschädigen kann.

3 Den Zuschnitt erneut der Breite nach rechts auf rechts zur Hälfte falten und die beiden kurzen Seiten mit 1,5 cm Nahtzugabe zusammennähen. Die Nahtzugaben mit Zickzackstich versäubern und auseinanderbügeln.

4 Die Oberkante 1 cm zur linken Seite ein- und 3 cm umschlagen, bügeln und entlang der inneren Bruchkante bis auf eine 5 cm lange Öffnung knappkantig absteppen, sodass ein Tunnel entsteht. Das Gummiband mit Hilfe einer Sicherheitsnadel durch den Tunnel fädeln, dabei darauf achten, dass es sich nicht verdreht.

5 Die Enden des Gummibands 1 cm breit überlappen lassen und mit Zickzackstich zusammennähen. Das Gummiband in den Tunnel ziehen und die Öffnung im Tunnel knappkantig zusteppen.

Fertigstellen: Die Unterkante 2-mal 1 cm zur linken Seite ein- und umschlagen, bügeln und entlang der inneren Bruchkante knappkantig absteppen.

Tipp

Die Enden von Polyesterbändern können durch Abflämmen (= Vorbeiziehen an einer Flamme) vor dem Ausfransen geschützt werden, dabei vorsichtig vorgehen und das Band nicht zu nah an die Flamme halten, da Polyester schnell schmilzt und man sich daran leicht verletzten kann.

3

4

5

Schnell gepackt und los

Beutelrucksack | Größe: ca. 30 x 40 cm

Material

- A: Baumwollstoff in Blau-Pink gemustert, mind. 110 cm breit, 100 cm
- B: Baumwollkordel in Blau, 300 cm
- 2 Metall-Ösen, ø 11 mm

Zuschneiden

Maße inkl. 0,75 cm Nahtzugabe.

A: 4-mal 33 x 43 cm

B: 2 Stücke à 150 cm

So wird's gemacht

1 Für die Außenseite und das Futter jeweils 2 Zuschnitte rechts auf rechts aufeinanderlegen und mit 1,5 cm Nahtzugabe an den beiden langen (= Seitenkanten) und einer kurzen Kante (= Unterkante) zusammennähen. Dabei an den langen Kanten die Naht jeweils 3,5 cm unterhalb der Oberkante enden lassen und verriegeln.

2 Die Nahtzugaben an den Ecken schräg beschneiden, dabei darauf achten, die Naht nicht zu verletzen.

3 Die Nahtzugaben (soweit möglich) auseinanderbügeln.

4 Im oberen offenen Bereich der Seitenkanten die Nahtzugaben auch 1,5 cm nach links bügeln. In diesem Bereich die Nahtzugaben knappkantig feststeppen.

5 Außentasche und Futter rechts auf rechts ineinanderstecken. Die Oberkanten ringsum zusammennähen. Die Tasche durch die Wendeöffnung im Futter wenden und bügeln. Die Wendeöffnung von Hand schließen.

Fertigstellen: Die Oberkanten von Vorder- und Rückseite 2 cm breit absteppen, dadurch entsteht an beiden Seiten jeweils ein Tunnel. An den unteren beiden Ecken die Metall-Ösen laut Herstellerangaben anbringen. Die Baumwollkordeln jeweils mithilfe einer Sicherheitsnadel gegenläufig durch den vorderen und rückwärtigen Tunnel fädeln, sodass an beiden Seiten jeweils Anfang und Ende einer Kordel herausschauen. Jeweils ein Ende einer Kordel durch eine Öse fädeln und mit dem anderen Ende der Kordel verknoten.

Aufgerüscht

Rock mit Rüsche | Länge: ca. 50 cm

Material

- A: Bedruckter Baumwollstoff, mind. 110 cm breit, 100 cm
- B: Gummiband, 2 cm breit, ca. 100 cm

Zuschneiden

Maße inkl. 1,5 cm Nahtzugabe.

A: 1-mal 40 x 105 cm (Hauptteil)
2-mal 20 x 105 cm (Rüsche)

B: individuell abmessen: eigener Taillenumfang minus 3 cm

So wird's gemacht

1 Den Zuschnitt für das Hauptteil der Breite nach falten (auf 40 x 52,5 cm) und die beiden kurzen Kanten mit 1,5 cm Nahtzugabe zusammennähen. Die Nahtzugaben einzeln mit Zickzackstich versäubern und auseinanderbügeln.

2 Die Oberkante 1 cm zur linken Seite ein- und 3 cm umschlagen, bügeln.

3 Die Oberkante entlang der inneren Bruchkante bis auf eine ca. 5 cm lange Öffnung knappkantig absteppen, sodass ein Tunnel entsteht.

4 Die Zuschnitte für die Rüsche rechts auf rechts aufeinanderlegen und die schmalen Kanten mit 1,5 cm Nahtzugabe zusammennähen. Die Nahtzugaben einzeln mit Zickzackstich versäubern und auseinanderbügeln.

5 Die Unterkante der Rüsche 2-mal 1 cm zur linken Seite ein- und umschlagen, bügeln und entlang der inneren Bruchkante knappkantig absteppen.

6 Die Oberkante der Rüsche einmal füßchenbreit (0,75 cm) und 2 cm breit mit der größtmöglichen Stichlänge (meist 5 mm) absteppen (heften), dabei Anfang und Ende der Naht nicht verriegeln, sondern die Fadenenden

ca. 15 cm lang lassen. Die Rüsche sowie die Unterkante des Hauptteils jeweils 2-mal vertikal zur Hälfte falten (vierteln), die Bruchkanten mit Stecknadeln markieren und wieder auffalten.

7 Die Heftfäden an einer Seite miteinander verknoten. Nun an der anderen Seite an beiden Oberfäden (oder an beiden Unterfäden) ziehen und die Oberkante der Rüsche gleichmäßig auf die Weite des Hauptteils einkräuseln.

8 Die Rüsche rechts auf rechts sorgfältig rings um das Hauptteil stecken (ggf. heften), dabei die Stecknadel-Markierungen an Hauptteil und Rüsche aneinander ausrichten. Hauptteil und Rüsche mit 1,5 cm Nahtzugabe zusammensteppen. Die Heftfäden entfernen. Die Nahtzugaben zusammengefasst mit Zickzackstich versäubern und in Richtung Hauptteil bügeln.

9 Das Gummiband mithilfe einer Sicherheitsnadel durch den Tunnel fädeln, dabei darauf achten, dass es sich nicht verdreht. Die beiden Enden 1 cm breit überlappen lassen und mit Zickzackstich zusammennähen. Das Gummiband in den Tunnel ziehen und die Öffnung im Tunnel knappkantig zusteppen.

Einkaufspaß

Einkaufstasche | Größe: 30 x 40 cm (ohne Träger) • Vorlage 2 (Bogen B)

Material

- A: Bedruckter fester Baumwollstoff (Köper), mind. 110 cm breit, 100 cm
- B: Aufbügelbares Volumenvlies, 90 x 70 cm
- C: Mittelfeste Bügeleinlage, 30 x 20 cm
- D: Farblich passendes Samtband, 2 cm breit, 100 cm

Zuschneiden

Maße inkl. 1,5 cm Nahtzugabe. Die Vorlage enthält keine Nahtzugabe, beim Zuschnitt 1,5 cm Nahtzugabe zugeben.

A: 4-mal 47 x 35 cm (Hauptteil)
2-mal 9 x 56 cm (Träger)
2-mal Vorlage 2 (Boden)
B: 2-mal 47 x 35 cm (Hauptteil)
1-mal Vorlage 2 (Boden)
C: 1-mal Vorlage 2 (Boden)
D: 2-mal 47 cm

So wird's gemacht

1 Für die Außenseite 2 Hauptteilzuschnitte und 1 Bodenzuschnitt jeweils mit Volumenvlies hinterbügeln. Je 1 Samtbandzuschnitt mit der rechten Seite nach oben auf der rechten Seite der hinterbügelten Hauptteile im Abstand von 6 cm zur Oberkante platzieren und knappkantig aufsteppen. Für das Futter 1 Bodenzuschnitt mit mittelfester Bügeleinlage hinterbügeln. Die beiden Hauptteile werden nicht hinterbügelt.

2 Die beiden hinterbügelten Hauptteilzuschnitte rechts auf rechts aufeinanderlegen und an den schmalen Kanten mit 1,5 cm Nahtzugabe zusammennähen. Die Nahtzugaben auseinanderbügeln. Die noch offene Unterkante (= eine lange Kante) einmal füßchenbreit

1

2

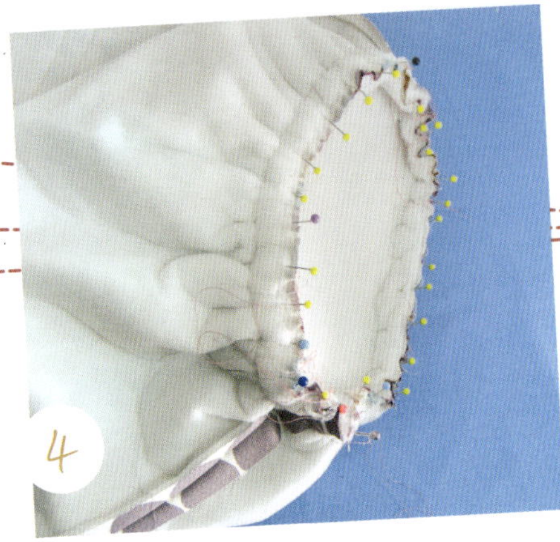

(0,75 cm) und 2 cm breit mit der größtmöglichen Stichlänge (meist 5 mm) absteppen (heften), dabei Anfang und Ende der Naht nicht verriegeln, sondern die Fadenenden ca. 15 cm lang lassen.

3 Das Teil 2-mal vertikal zur Hälfte falten (vierteln), die Bruchkanten mit Stecknadeln markieren und wieder auffalten.

4 Die Heftfäden an einer Seite miteinander verknoten. Nun an der anderen Seite an beiden Oberfäden (oder an beiden Unterfäden) ziehen und die Unterkante gleichmäßig auf den Umfang des Bodens einkräuseln. Die Stecknadel-Markierungen vom Hauptteil und dem mit Volumenvlies hinterbügelten Bodenzuschnitt aufeinander ausrichten und das Hauptteil sorgfältig ringsum an den Boden stecken (ggf. heften).

5 Hauptteil und Boden mit 1,5 cm Nahtzugabe zusammennähen. Für das Futter die Schritte 2–5 wiederholen, jedoch an einer Seitennaht eine 10 cm große Wendeöffnung frei lassen.

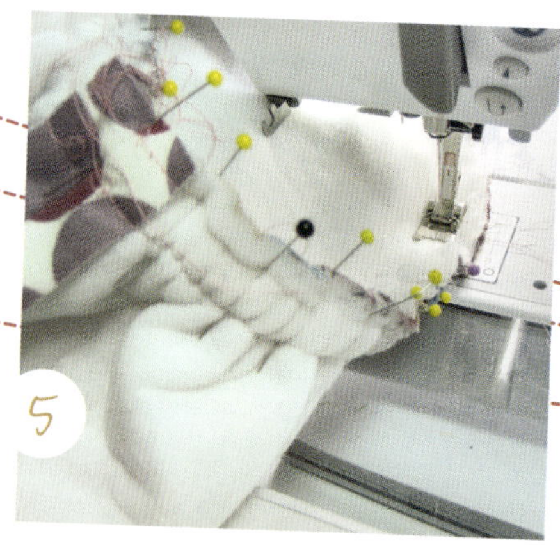

6 Für die Träger die beiden Streifen jeweils der Länge nach zur Hälfte falten und bügeln.

7 Wieder aufklappen und die Längsseiten zum mittigen Falz hin falten und bügeln, dabei darauf achten, dass der mittige Falz nicht herausgebügelt wird. Band zusammenklappen, sodass nun die Bruchkanten bündig aufeinanderliegen, bügeln.

8 Die offenen Kante knappkantig zusammensteppen.

9 Die Trägerenden im Abstand von 7 cm zur Mitte bündig an der Oberkante platzieren und im Bereich der Nahtzugabe festnähen.

10 Außentasche und Futter rechts auf rechts ineinanderstecken. Die Oberkanten ringsum zusammennähen. Die Tasche durch die Wendeöffnung im Futter wenden und bügeln. Die Wendeöffnung von Hand schließen. Zum Schluss die Oberkante schmal absteppen.

Lässiges Outfit

Tunika | Länge: 79–83 cm (Größe S/L) • Vorlage 3 (Bogen A)

Material

- A: Dünner bedruckter Baumwollstoff (Voile), ca. 140 cm breit, 100 cm

Vorbereiten

Gemäß Vorlage 3 ein Schnittmuster anfertigen.

Zuschneiden

In der Vorlage ist keine Nahtzugaben enthalten, beim Zuschnitt 1,5 cm Nahtzugabe zugeben, jedoch an der Unterkante 4 cm Saumzugabe zugeben.

A: 2-mal Vorlage 3 im Stoffbruch
(Vorder- und Rückteil)

So wird's gemacht

1 Vorder- und Rückteil rechts auf rechts bündig aufeinanderlegen und an der Oberkante beide Schulternähte mit 1,5 cm Nahtzugabe zusammennnähen. Dafür jeweils von der Seitenkante bis zur Markierung nähen und die Naht am Halsausschnitt verriegeln. Den Halsausschnitt offen lassen.

2 Die Nahtzugaben im Bereich der Schulternähte mit Zickzackstich versäubern. Die Nahtzugaben auseinanderbügeln.

1

2

3 Die Nahtzugaben im Bereich des Halsausschnitts 2-mal 0,75 cm zur linken Seite ein- und umschlagen, bügeln und entlang der inneren Bruchkante knappkantig absteppen.

4 Zusätzlich an den Enden des Halsausschnitts im rechten Winkel einmal vor- und zurücknähen, um das Ende zu verstärken.

5 Die Nahtzugaben im Bereich der Armausschnitte 2-mal 0,75 cm zur linken Seite ein- und umschlagen, bügeln und entlang der inneren Bruchkante knappkantig absteppen. Vorder- und Rückteil (die nun an der Schulter miteinander verbunden sind) bündig rechts auf rechts zusammenklappen und die Seitennähte mit 1,5 cm Nahtzugabe zusammennähen. Die Nahtzugaben einzeln mit Zickzackstich versäubern und auseinanderbügeln.

Fertigstellen: Die Unterkante ringsum 2-mal 2 cm zur linken Seite ein- und umschlagen, bügeln und entlang der inneren Bruchkante knappkantig absteppen.

Tipp

Wer sich besonders viel Mühe geben möchte und ein besonders professionelles und sauberes Finish mag, kann die Nähte als so genannte „Französischen Naht" verarbeiten.

1 Dafür die betreffenden Zuschnitte zunächst nicht rechts auf rechts, sondern links auf links legen und knappkantig (mit halber Nahtzugabe) zusammennähen.

2 Die beiden Zuschnitte auffalten, die Naht ausbügeln, die Zuschnitte anschließend rechts auf rechts falten und mit halber Nahtzugabenbreite zusammennähen. Die Schnittkante ist somit zwischen beiden Nähten „eingeschlossen" und versäubert.

Hübsch gedeckt

Tischdecke | Größe: 81 x 81 cm

Material

- A: Bedruckter Baumwollstoff in Rot-Weiß, ca. 110 cm breit, 100 cm

Zuschneiden

Maße inkl. 4 cm Nahtzugabe.

A: 89 x 89 cm

So wird's gemacht

1 Den Zuschnitt mit Briefecken versäubern, dafür alle Kanten ringsum 2 cm nach links einschlagen, bügeln und noch einmal 2 cm nach links umschlagen und bügeln.

2 Den 2. Umschlag wieder aufklappen. An einer Ecke die beiden nebeneinanderliegenden Außenkanten rechts auf rechts bündig übereinanderlegen, sodass die gefaltete Ecke einen 45°-Winkel bildet. Mithilfe eines Geodreiecks eine Linie im 90°-Winkel zur Bruchkante einzeichnen. Die Linie beginnt dabei an der eingebügelten Bruchkante des 2. Umschlags, die hier gleichzeitig auch die Schnittkante des 1. Umschlags ist.

Tipp

Es empfiehlt sich, Baumwollstoffe vor dem Nähen vorzuwaschen, da sie einlaufen könnten. Kräftige Farben können darüber hinaus auch etwas „ausbluten". Im Fachhandel gibt es spezielle Waschmittel für Patchwork-Stoffe. Diese fixieren die Farben besonders gut.

3 Die eingezeichnete Linie von Bruchkante bis zur Außenkante absteppen. Anfang und Ende der Naht jeweils verriegeln. Schritt 2 bis 3 für die anderen 3 Ecken wiederholen.

4 Den überstehenden Stoff an den Ecken im Abstand von 0,75 cm zur Naht abschneiden.

5 Die Randeinfassung 2 cm breit (= 2. Umschlag) zur Rückseite der Decke klappen.

6 Die Randeinfassung entlang der inneren Bruchkante ringsum knappkantig feststeppen.

Schöne Aussicht

Küchengardine | Größe: ca. 105 x 62 cm

Material

- A: Bedruckter fester Baumwollstoff (Panama), ca. 140 cm breit, 100 cm
- 8 Ösen, ø 1,4 cm

Zuschneiden

Maß inkl. 0,75 cm Nahtzugabe.

A: 117 x 74 cm

So wird's gemacht

1 Den Zuschnitt mit Briefecken versäubern, dafür alle Kanten ringsum 1 cm nach links einschlagen, bügeln (= 1. Umschlag).

2 Alle Kanten anschließend noch einmal 5 cm nach links umschlagen und bügeln (= 2. Umschlag).

Zucchero

3 Den 2. Umschlag wieder aufklappen. An einer Ecke die beiden nebeneinanderliegenden Außenkanten rechts auf rechts bündig übereinanderlegen, sodass die gefaltete Ecke einen 45°-Winkel bildet. Mithilfe eines Geodreiecks eine Linie im 90°-Winkel zur Bruchkante einzeichnen. Die Linie beginnt dabei an der eingebügelten Bruchkante des 2. Umschlags.

4 Die eingezeichnete Linie von Bruchkante bis zur Außenkante absteppen. Anfang und Ende der Naht jeweils verriegeln. Schritt 2 bis 3 für die anderen 3 Ecken wiederholen. Den überstehenden Stoff an den Ecken im Abstand von 0,75 cm zur Naht abschneiden.

Tipp

Für dicke, festere Stoffe wie Panama sollte man immer eine passende Nähmaschinen-Nadel verwenden. Zu dünne Nadeln können sich beim Durchstechen verbiegen oder sogar brechen. Nadeln in Stärke 90 oder 100 sind ideal.

Fertigstellen: Die Randeinfassung 5 cm breit (= 2. Umschlag) zur Rückseite des Vorhangs klappen und entlang der inneren Bruchkante knappkantig feststeppen (vgl. Schritt 5 für die Tischdecke, Seite 53). An der Oberkante die Ösen im Abstand von 5,25 cm zur Seitenkante und mit jeweils 13,5 cm Abstand zueinander laut Herstellerangabe anbringen.

Tipp

Bei vielen Nähmaschinen lässt sich die Position der Nadel verstellen. Will man zum Absteppen an einer Kante knapp entlangnähen, kann dies eine große Erleichterung sein und für exaktere Ergebnisse sorgen. Die Kerbe in der Mitte des Füßchens dient dabei als Orientierung.

In Urlaubslaune

Sonnenhut | Größe: für ca. 56 cm Kopfumfang • Vorlagen 4a–b (Bogen B)

Material

- A: Bedruckter Baumwollstoff in Hellblau, ca. 110 cm breit, 100 cm
- B: Mittelfeste Bügeleinlage, 50 x 50 cm

Vorbereiten

Gemäß Vorlagen 4a und 4b Schnittmuster anfertigen.

Zuschneiden

Maße inkl. 0,75 cm Nahtzugabe. In den Vorlagen sind keine Nahtzugaben enthalten, beim Zuschnitt 1,5 cm Nahtzugabe zugeben.

A: 4-mal Vorlage 4a (Krone)
2-mal Vorlage 4b im Stoffbruch (Krempe)
1-mal 6 x 65 cm im schrägen Fadenlauf (Futterband)

B: 1-mal Vorlage 4b im Stoffbruch (Krempe)

So wird's gemacht

1 Je 2 Kronenzuschnitte rechts auf rechts legen und an einer Seitenkante zusammennähen, die Nahtzugaben zusammengefasst versäubern und in eine Richtung bügeln.

2 Die Nahtzugaben von der rechten Seite knappkantig neben der Naht feststeppen.

1

2

ZUM
STRAND

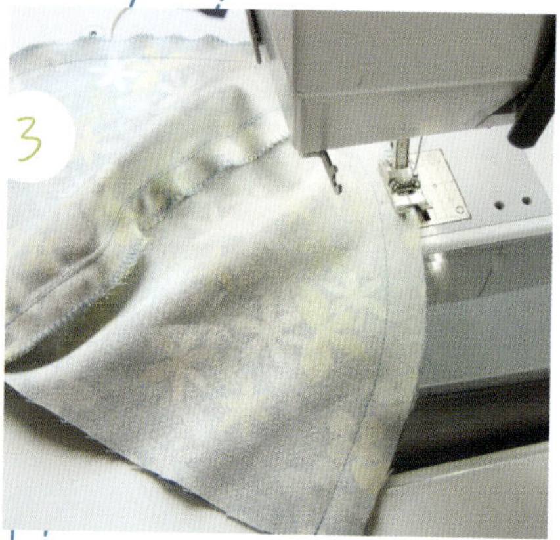

3 Anschließend die beiden Kronenhälften rechts auf rechts legen und die verbleibenden Seitenkanten zusammennähen. Mit den Nahtzugaben genauso verfahren, wie in Schritt 1 und 2 beschrieben.

4 Einen Krempenzuschnitt mit Einlage hinterbügeln (= Außenseite).

5 Beide Krempenzuschnitte jeweils am Stoffbruch rechts auf rechts zur Hälfte falten und die kurzen, geraden Kanten (= rückwärtige Mitte) zusammennähen. Die Nahtzugaben auseinanderbügeln.

6 Die Krempenzuschnitte rechts auf rechts legen und an der Außenkante ringsum zusammennähen.

7 Die Nahtzugaben zurückschneiden und zu einer Seite bügeln.

8 Die Krempe auf rechts wenden und bügeln. Die Außenkante füßchenbreit absteppen.

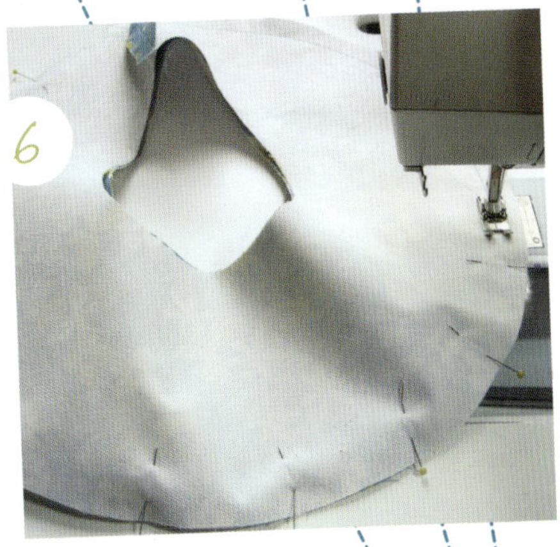

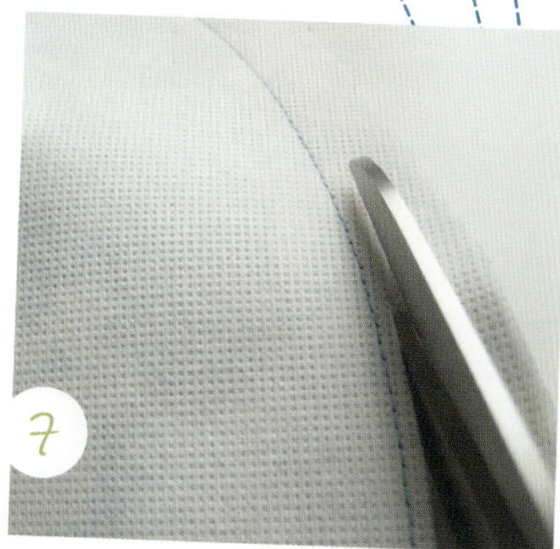

9 Die Krempe glatt streichen und die Innenkanten mit schmalem Zickzackstich innerhalb der Nahtzugaben zusammenfassen.

10 Die Krempe rechts auf rechts rings um die Krone stecken, dabei die Nähte von Krempe und Krone übereinander ausrichten, und zusammennähen.

11 Das Futterband der Länge nach falten und bügeln, dabei darauf achten, es nicht zu verziehen.

12 Das Futterband mit den offenen Kanten innen ringsum an die offene Kante der Krempe heften, dabei ein kurzes Ende um Nahtzugabenbreite nach links falten. Am Ende den Streifen etwas überlappen lassen und abschneiden. Das Futterband annähen, die Nahtzugaben zurückschneiden und in Richtung Seitenband klappen/bügeln. Das Futterband an der Bruchkante knappkantig aufsteppen.

Tipp

In kniffligen Fällen empfiehlt es sich, Zuschnitte nicht mit Stecknadeln zusammenzustecken, sondern sorgfältig von Hand zu heften. Hierzu kann man einen speziellen Heftfaden oder auch gewöhnliches Nähgarn verwenden. Der Vorteil von speziellem Heftfaden ist, dass er gerissen werden kann und man keine Schere benötigt.

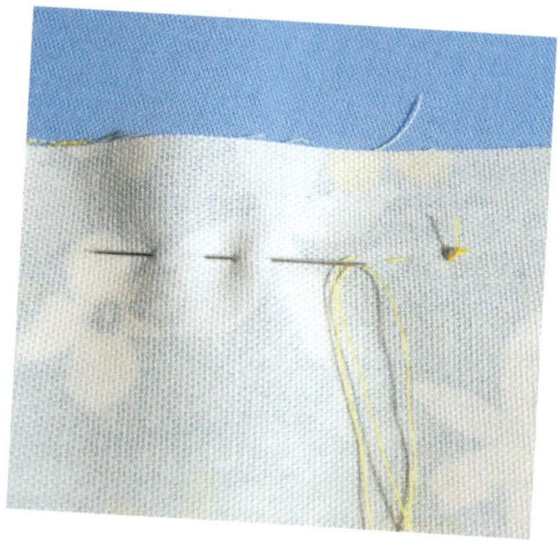

Impressum

Entwürfe und Arbeitsfotos: Cecilia Hanselmann
Fotos: Uli Glasemann
Styling: Elke Reith
Redaktion: Angelika Klein
Lektorat und technische Zeichnungen:
Claudia Schmidt
Gesamtgestaltung und Satz: GrafikwerkFreiburg
Reproduktion: Meyle + Müller GmbH & Co. KG
Druck und Bindung: Ömür Printing, Istanbul

ISBN 978-3-8410-6308-1
Art.-Nr. OZ6308

4. Auflage 2016

Hersteller/Bezugsquellen

- Adlico textile, Rösrath
  www.adlico.dk
- Westfalenstoffe AG, Münster
  www.westfalen.de
- Stoffkontor, Mühldorf am Inn
  www.stoff-kontor.com
- Kurt Frowein GmbH & Co. KG, Wuppertal
  www.kurt-frowein.de
- Stof A/S (Dk), Blankenborg
  www.stof.dk
- Zweigart & Sawitzki GmbH & Co. KG, Sindelfingen
  www.zweigart.de

Nähzubehör

- Gütermann GmbH, Gutach/Breisgau
  www.guetermann.com
- Prym Consumer Europe GmbH, Stolberg
  www.prym-consumer.com
- Freudenberg Vliesstoffe SE + Co. KG, Weinheim
  www.vlieseline.com